T0113599

Voces del Corazón

Voces del Corazón

Margarita de Hurtado Juárez

MORELIA, MICH, 1959

Número de Control de la Biblioteca del Congreso de EE. UU.:   2023908822
ISBN: Tapa Blanda   978-1-5065-5029-9
             Libro Electrónico   978-1-5065-5030-5

Esta reimpresion fue financiada por el nieto Manuel Hurtado E.

Información de la imprenta disponible en la última página.

Fecha de revisión: 05/05/2023

Para realizar pedidos de este libro, contacte con:
Palibrio
1663 Liberty Drive
Suite 200
Bloomington, IN 47403
Gratis desde EE. UU. al 877.407.5847
Gratis desde México al 01.800.288.2243
Gratis desde España al 900.866.949
Desde otro país al +1.812.671.9757
Fax: 01.812.355.1576
ventas@palibrio.com
852923

ÍNDICE

Margarita de Hurtado Juárez

Dedico este libro

A la memoria de mi adorado
esposo el Sr. Lic. Manuel Hur-
tado Juárez y a su entrañable
amigo, el Sr. Lic. José Basilio
Cardona.

A mis queridos hijos Margarita,
Graciela, Teresita, Jenaro,
Manuel y Armando Hurtado
Hernández.

A Cuba mi País de origen.

Margarita de Hurtado Juárez.

TENGO sobre mi mesa un libro de poemas, que des-
despiertan desde luego todo mi interés. La forma de ex
presión poética, siendo el lenguaje de los más delicados
sentimientos, conmueve y deleita, y el alma siempre está
dispuesta a vibrar con la música de un verso o con las no-
tas en sordina de una canción de amor.

Pero este libro que acabo de leer tiene un doble atrac-
tivo: está escrito por una mujer, y si a la delicadeza de la -
de la propia expresión poética se une la ternura connatural-
del alma femenina, este libro es doblemente interesante y -
atractivo.

Poesía y mujer; pero antes lo había dicho ya Becquer:
"¿y tú me lo preguntas? Poesía eres tú" El alma femenina -
siempre está en tono de poesía romántica: sumergirse en su
ámbito es gozar del nirvana que sólo los elegidos de los ele
gidos de los dioses pueden comprender. Durante un corto —
tiempo yo he tenido la dicha de viajar, en alas de la imagina
ción y del sentimiento, por los países encantados a donde -
nos transporta la autora de este libro.

Por mi primera educación, dada exclusivamente por mi-
madre, soy inclinado a comprender y a sentir las vibraciones
del alma femenina. Cuando el amplio panorama de las letras
españolas se descorrió ante mis ojos, con qué avidez recorría
las páginas de Teresa de Avila; cómo penetraban-
en mi alma los versos de nuestra Monja Jerónima, sus redon-
dillas y sus inmortales sonetos; entre las poetisas Españolas -
del siglo XIX me entusiasmaba Carolina Coronado,
y saltando luego a nuestras mexicanas leía con deleite los —
versos de Dolores Guerrero, de Isabel Prieto, de Laura Mén-
dez de Cuenca y de tantas mujeres que en el silencio de su —
alcoba han dejado sobre las blancas páginas del papel los-
más íntimos sentimientos de su alma.

Allá en mi juventud cuando yo era poeta, cultive amistad
Con las poetisas de su tiempo; cambiamos versos con la jalisciense-
María Moreno, con Luisa Godoy y con María de Cos Katengel; su –
amistad, como de toda persona culta, perfumó los senderos de mi vi-
da estudiantil.

Tuve el honor de contar entre mis discípulos a dos poeti-
sas michoacanas de renombre literario, a Carmen Báez, en la Escuela-
Normal de Morelia y a Concha Urquiza en la Secundaria Nueve de la-
ciudad de México; vive la primera, para honra de su terruño y la según-
da fallecio trágicamente, dejando el recuerdo imperecedero de sus poe-
mas. Entre las actuales poetisas, que enaltecen las letras mexicanas, me
honra la amistad de María del Mar y la de Margarita Paz Paredes, cuyas
sonoras rimas serán siempre la delicia de muchas generaciones.

Todo lo que antes he dicho, parece orgullo y ostentación y
a la fé que lo es: porque si al ser humano por algo le está permitido mos-
trarse orgulloso, ha de ser por sus amistades; porque una amistad noble y

generosa es un tesoro; la amistad es el amor más noble y desinteresado –
que hay sobre la tierra.

Hoy, en el plácido tramonto de mi vida, he conocido a una nueva
poetisa, a Margarita Vda. de Hurtado; sus versos sencillos, fáciles, candor-
osos, han venido a hablarme de una alma que sabe sentir y expresar sus sen-
timientos con aquellos tres heroísmos de que hablaba Díaz Mirón; el heroís-
mo del sentimiento, el heroísmo de la expresión. Porque las cualidades esen-
ciales de toda poesía deben ser; pensar alto, sentir hondo y hablar claro.

No me detendré a hacer un análisis de la poesía que hoy tengo fren-
te a mí. Jamás he aceptado el papel de dómine retórico; los juicios críticos –
quedan para otros; antes que analizarlas flores me encanta su color y su perfu-
me. Las flore de este bouquet perfumaran el espíritu de cuantos lean los ver-
sos que el encierra.

Me concreto a felicitar a su autora y desearle que siga soñando y escribiendo:
el sol de la poesía es el único sol que no tiene ocaso, él nos alumbra y vivifica- hasta en los últimos momentos de nuestra vida; feliz de aquel que pueda morir con un libro de versos en la mano.

Jesús Romero Flores.

UN RECUERDO

Muertas ya de mi vida las flores,

un recuerdo tan solo quedó:

el recuerdo de gratas pasiones,

la primera ilusión de un amor,

Del jardín de mi vida las rosas,

tristemente sin fé, deshojó,

y hoy recojo tan solo pavesa,

de ese amor que fue solo ilusión.

OLVIDAME

¡Ah! Mi dulce venturanza.

¿Llegara mi corazón

A tener una esperanza,

o es compasión la que siente

por mi amor? ¡No pienses más!

No mendigo tus caricias,

deja mi alma en paz!

Olvida que me quisiste,

olvida que yo te amé,

sigue tu camino triste.......

¡deja mi vida y en paz!

NUESTRA SEÑORA DE LA CARIDAD

Tu que coronada
del Señor estás,
Virgen sacrosanta
de la Caridad.
Ruégote Señora,
De mi ten piedad!
Mitiga las penas
de mí soledad.
Tu que en las tormentas
de la mar estás,
¡cúbreme Señora,
ten de mi piedad!
En la mar bravía,
cuando el vendaval,
junto a la barquilla,
se te ve llegar;
no temes al rayo,
el trueno se va
y la barquichuela,
tranquila se está.
¡Naufrago en la vida
yo también estoy;
mi barquilla flota
de aquí para allá!
y allá en lontananza
ya veo llegar,
a la Virgen Señora
de la Caridad.
Luz en el vacío
de mi oscuridad
eres tú la Reina
de mi soledad.

Llegas a mi casa
llena de piedad
y veo, señora,
que eres la bondad.
¡Reina de los cielos
ten de mi piedad,
Virgen Sacrosanta
de la Caridad!

JAMAS

Jamás pensé que tu cariño

floreciera para mí;

lo vi pasar por mi camino

como en el bosque al colibrí.

Le vi pasar como una sombra

que a investigar no me atreví,

cogí mi lámpara en la penumbra

y sollozando lo seguí.

Seguí por el camino, vagabundo,

con mi tristeza siempre así,

sin olvidar que en este mundo

todo es martirio para mí.

En vano sigo por la ruta

de mi destino hasta morir,

sólo, soñando en mi casita

pensando siempre triste en ti.

CUANDO YO ME MUERA

Quisiera en la vida
vagar silenciosa
tras de la quimera
que lleva un dolor.

Nueva rosa y blanca
como mis anhelos,
llenos de cariño.
que clama mi amor.

Si la suerte adversa
cambia mi destino
y llena de angustia,
tuerzo mi camino.

seguiré en la vida,
como peregrina.
amando en silencio
tras de la ilusión;

añorando siempre,
por las ambarinas,
rosas matinales
de las catarinas.

Y vagar silente
como castellana,
tras la reja amante
que cuenta la hermana....

Sin que nadie sepa,
que en mi corazón,
llevo las espinas
clavadas en el alma,
y la herida abierta
de un grande dolor!

Quiero que el silente
rayo de la una,
inunde mi frente
llena de pesar.

Y entre cuatro cirios,
cuando yo me muera,
camelias muy blancas
cubran mi ataúd.

TARDE TRISTE Y NUBLADA

Nublada está la tarde,
el cielo oscuro está
y todo, allá a lo lejos,
lo cubre oscuridad.

Las palmas se estremecen
al son del vendaval
y tocan las campanas
tan llenas de piedad
y luego, allá a lo lejos
lo cubre oscuridad.

Los árboles sin hojas,
parecen esqueletos.
que tristes y silentes.
se yerguen al azul.
Parece un niño enfermo.
callado y quietecito.
que luego, allá a lo lejos.
lo cubre oscuridad.

El cielo está cubierto
de niebla; está la tarde
tan llena de tristeza......
Más todo en el silencio
lo cubre oscuridad.

Paisaje de tristeza
tan lleno de misterio.
tan triste t tan sombrío
como es mi corazón:

parece una paloma
que anida en rama enferma
y luego, en el silencio.
la rompe el huracán.

TU NO SABES

No sabes tú que el alma
¿Solloza en su tristeza?
¿No sabes que padece,,
mi pobre corazón?
Hay cosas que en el fondo
de mi angustiada vida,
me llenan de martirio
y……..lloro de dolor.

¿No sabes que en las tardes,
cuando el laúd se queja,
recuerdos melancólicos
se anidan en mi ser?
¡Y llenan de agonía,
de amor y de congoja…... ….
No sabes a que abismo
se va mi corazón!

Hay algo que no sabes,
de mi orfandad temprana
que lucha en el desierto
de mi intranquilidad,
Buscando entre tinieblas
se cansa mi cabeza
y brota de mis ojos,
un llanto de pesar.

Tu sabes que la dicha
del alma es pasajera,
el tétrico recuerdo
de mi primer dolor.

Por más que yo lo oculte
hay algo allá escondido
detrás de aquellas ruinas
del pobre corazón.

¡Las lágrimas que vierten
mis ojos ya cansados,
son gotas de mi sangre
que calman mi sufrir:
y luego, se desprenden,
buscando al infinito.
pues solo en él encuentran
consuelo y bienestar!

YA NO SIENTO

Ya no siento en el alma triste congoja,
pues todo en esta vida es como las hojas,
En mi infancia lloraba cuando las flores,
las cortaban alegres, a los amores;
y luego que los años ya han pasado,
tristemente me acuerdo, ya muy cansada,
era un jardín florido, de enredaderas,
cuando el alma soñaba con sus quimeras,
La luna silenciosa de blanco pasa
con su corte de estrellas, como una gasa;
dime tú, caballero que peinas canas,
¿haz vuelto por la niña, tu castellana?
Asómate a l fuente por mi ventana
y veras una joven...... que peina canas,
¡Oh, noble caballero, no temas nada.
tu princesa te ama, como una hermana!

GRACIAS

Sintió mi corazón soberbia daga
que atravesó mi pecho de dolor,
Como un nimbo de flotantes nubes,
quedó mi corazón.

La noche vino a oscurecer mi vida,
mi dicha, mi candor,
y luego comprendí que ni llorando,
consuelo al corazón.

El hombre llora de pasión, rugiendo
su pena y su dolor,
mas luego dice, que su amor, matando
su herida consoló.

¿Quién fue la amiga que fatal noticia
le dio a mi corazón?
Tan solo supe, que después de un día,
Las gracias le dí yo.

ARRULLO

En la hermosa noche
de claros ensueños,
se durmió mi niño
pues ya tenía sueño.

Duérmete mi niño,
duérmete ya,
porque el coco viene
y te comerá.

Palmeras de Egipto
tienden su ramaje,
cubren a este niño
que viene de viaje.

Del jardín florido
de Jerusalén
los ángeles vienen
camino a Belén.

Duérmete mi niño.

BLANCA ROSA

Blanca rosa perfumada
del jardín de mi ilusión
¿Por qué te doblegas triste
al fuego de una canción?

Rosa mística y sencilla
donde siempre me extasío,
rosa que de amor te vistes,
mi vida yo te entregué.

Hoy te rindes, rosa mía,
al fuego de una pasión,
Te veo llena de hastío
y te afliges, dí, ¿Por qué?

YA NO PUEDO

No desoigas mis congojas,
no aumentes mi soledad,
oye mis tristes lamentos,
escucha, ¡por caridad!

Llega la aurora, ¡oh que dolor!
El sol ya vuelve a lucir
y sola, en este confín,
del mundo, voy a morir.

Ya no puedo soportar
la angustia que me causó,
el recuerdo pavoroso
de tu amor que ya pasó.

Soy si tu quieres mi bién,
un espectro del pasado
o un sollozo lastimero
de inmenso corazón.

EL PEREGRINO

¡Oh, mi pobre peregrino
que en tu desierto camino
vas cantando!
¿Qué decías trovador?
¿Qué está distante el sendero
de tu amor?

¡Oh, trovador ambulante,
la castellana, tu amante,
ya murió,
Y en su desierto camino,
tristemente, el peregrino
sollozó.

Por el jardín encantado
va el amor,
engalanando de flores
su dolor.

De sus ojos diamantinos,
que parecen un madrigal,
brotan lágrimas divinas
que semejan sonatinas
de un erial.

MI TRISTEZA

Ya mi tristeza comienza,
ya enmudece el sufrimiento,
ya no es la melancolía
ni el triste remordimiento.

Es una inmensa tristeza
la que encierra el corazón,
al ver en mi frente arrugas
y en mi cabeza un mechón.

Mis ojos están cansados
de tanto llorar, mi bién,
la vejez viene callada
y yo la espero también.

Ya está cercana la muerte,
el sol se oculta después,
y sola, en lejano suelo,
fatigada he de morir.

NO TE ENGAÑES CORAZON

Corazón que siempre penas
por una ilusa pasión,
es tu destino y condena,
la traición de aquel amor.

¿No ves que fué fementido
tanto amor, tanta pasión,
pues a otra su amor le daba
y te olvidaba en su ilusión?

Fué una mentira. El ingrato,
de tu amor ya se olvidó,
A una, llenó de cariño,
toda su vida entregó.

¡Olvídalo! Y que no vuelva
de su mentida pasión,
a llenar u alma herida,
que aun sangra tu corazón.

No dejes que en tu camino
te detenga un falso amor,
¡Al corazón no se engaña!
¡Quien tal hace es un traidor!

A CARMEN FIGUEROA

Violetas de octubre
parecen tus ojos,
que tiemblan ligeros
del llanto al brotar,
Y triste tu frente,
se oculta ligera,
y más afanosa
se inclina al pesar.

¡No llores Carmela!
Tu triste camino
ha tiempo mi alma
doliente pasó,
Errante y muy sola,
vagué en el silencio,
sin quien me brindara
de amor la ilusión.

ESCUCHA

Escucha mi bien, escucha
las quejas que el corazón
en esta enconada lucha
lanza por tu cruel traición.

Ciega de amor me entregué,
confiada en que tu lealtad,
haría la felicidad,
que ansiosamente busqué.

No plugo al destino cruel
que burlaras la virtud,
mi lozana juventud,
con tu proceder infiel.

Mi ardiente fé se extinguió
y el amor que te tenía
de pronto se convirtió
en mortal melancolía.

Nadie te podrá ofrecer
el santo amor que te dí,
ni habrá quien te pueda ser,
tan fiel como yo te fuí.

No recuerdes ya de mí,
que el amor que te tenía,
en desdén, por tu falsía,
se convirtió. ¡Ay de mí!

CANCION

A la luz de la luna brillante
allí sóla en la playa arenosa
vi pasar de mi vida las rosas
que en mis sueños yo puedo encontrar.

Yo las quise coger, pero en vano,
sollozando quedo el alma mía
y regando mi triste agonía
con el llanto de acerbo dolor.

TU RECUERDO

Hay un recuerdo que mata mi existencia
que anida en lo anterior del alma mía,
que sacude el corazón, día con día,
y me deja en mortal melancolía.

Es un secreto tierno de mi vida,
una dulce ilusión, que toda es mía;
un secreto que nunca ha de decirlo
pues en él yo cifro mi alegría.

¿Tu EL alivia mi existencia,
y el perfume que brota del pasado,
me recuerda en las horas de la tarde,
el fulgor candoroso de la luna.

Mi secreto es así, tierno amor mío!
Apenas creo que lo habré contado
el pájaro que canta y obstinado
al arrullo del bosque con el río.

A ratos pienso en el pasado tierno,
como un rayo clarísimo de luna,
y tu imagen, como sutil sombra,
entre mis brazos débiles, se esfuma.

¡ESCUCHAME¡

Escucha cariñoso mi rítmica canción,
escúchala no olvides que soy como una sombra
por el camino errante, sin luz, ni corazón.

Te encenderé mi lámpara, que tu apagaste un día,
yo cantaré de mi alma, mi anhelo y mi pasión,
me esconderé en la sombra…….
y seguiré inconsciente, con mi desilusión.

Oh, noche triste, silenciosa y fría
prosigue cautelosa y en bárbara agonía,
oprime lentamente mi pobre corazón.

Yo soy como una sombra por el camino escueto
buscando en el ocaso la luz de una ilusión
y busco …… y nada encuentro:
el eco está dormido,
las aves no responden a mi desolación.

¡Oh! Las noches lluviosas…
con mi angustia infinita,
siempre sola… muy sola….!
como el ave nocturna
que sorprende la aurora
y anhelante despierta
para echar a volar……
Y mi voz nadie escucha
se perdió entre las frondas
repitiendo los silfos
para mi su canción.

VUELVE

¡Oh! cuánto quisiera volver a mirarte
volver a sentirte muy cerca de mí
y oír que tu paso se acerca a mi puerta,
¡oh que dicha! sentirte llegando hasta aquí,

Inmóvil y muda....muy pálida y sola
de ver que ya el tiempo de amores se fué
y tú te olvidaste y ya no volviste,
y yo ya muriendo por verte otra vez.

La nieve comienza, mi sien ya la cubre;
mi faz, que se arruga de tanto pensar;
y triste y cansada mi lívida frente,
se inclina en silencio de tanto pensar.

Allá en mi casita tan sola y tan triste
vagando en la sombra, detrás del balcón,
viví yo esperando....pero no volviste....
y quedo reinando mi triste ilusión.

Yo sé que en mi vida jamás he de verte,
que el sueño en mi alma fugaz ya voló,
que sola en el viento, como ave de paso,
un beso furtivo de amor te mandó.

LO QUE YO QUISIERA

Quiero romper las cadenas
que aprisionando mi vida están;
quiero vagar por tierras muy lejanas
y mis heridas allí curar.

Que el silencioso tumbo de las olas
con que en mi vida siempre soñé
oírlo cerca, muy cerca digo,
junto a la quilla de mi bajel.

Y cuando el viento soplando gima,
y triste arrullo llegue a tus pies,
como una estatua junto a la proa....
junto a la proa me encontraré.

LINDAS GOLONDRINAS

Lindas palomas que emprendéis el vuelo
cruzando el monte, atravesando el mar
en vuelo raudo desplegad las alas
id a decirle a mi amado suelo
que pronto, pronto llegare al palmar.

Que errante y sola, en extranjero suelo
vago en el mundo, sin consuelo ya,
y uní el anhelo de mi triste vida,
siempre a la sombra de su amor lejano.
                              (tranquila reposar)

Decidle golondrinas que vocingleras,
decidle que muy pronto volverán,
las huellas de mis pasos ya cansados,
sobre la arena de la playa amada
y luego ......dormirán.

Golondrinas errantes y ligeras,
decidle que muy pronto volverán,
las huellas de mis pasos ya cansados,
sobre la arena de su playa amada
y luego......dormirán.

Golondrinas errantes y ligeras,
sombras errantes que atraviesan el cielo
tranquilo de mi hogar,
pasad ligeras que la mente mía
ya quiere reposar!

MI AMADO

A veces yo creo sentir que me miran
sus negras pupilas preñadas de amor
y triste mi vida, como Sulamita
se interna en sus sueños, ante Salomón.

Hay veces que siento la pasión intensa
que devora mi alma en su atardecer,
la llama es candente, la llama se agita,
quemando mi vida de dicha y placer.

Mi amado es mi dicha, mi amor es su alma;
yo fui su caricia, yo fui su querer,
Soy como Sultana de pasión intensa,
soy la Sulamita de Jerusalén.

Sin embargo a veces mi alma se muere
de angustia y tristeza, se muere la fé;
yo duermo y la angustia que vela mi sueño,
despierta =me dice= levántate y vé……

Y vagando siempre por la senda oscura
de mi triste vida, siempre va mi ser,
Aguilón, ven pronto! Viento de los días,
deshaz tu la niebla y que lo vuelva a ver.

TODO ESTA MUY TRISTE

Es cierto, los niños, de angustia se quejan,
la madre está muerta, ya no los verá,
Tendida en su lecho, con el cuerpo yerto,
y entre cuatro cirios…¿No responderá?

Todo está muy triste, la noche en silencio,
el niño que llora pronto dormirá,
y al romper el alba, no saben la pena
que tendrá su pecho y se echará a llorar.

Nadie, cuando duerma, velará su sueño;
manos mercenarias le vendrán a dar
el pan de cada día, qué amargo destino!
Oh, Dios de los cielos tú los cuidarás!

Si la muerte llama a tu puerta niña,
si tu cuerpo virgen te viene a atrapar,
jamás lo rechaces! Escucha sus trovas
que es la más hermosa de la eternidad.

Escucha la muerte que pálida llega
entrando a tu alcoba de rico tisú;
déjala que pase, verás que te ama
no dice mentiras, te dice verdad.

SOY LA BLANCA FLOR

¡Oh, Dios del cielo!
fatigada esto
mi cuerpo cansado
se doblega hoy.

Buscando mi ocaso
pasajera soy
cruzar nuevas rutas
en mi voy.

Las notas lejanas
de mi bandolín,
surcan el espacio,
llegan al confín.

El trino dormido
de un suspiro soy,
y buscando triste
por la vida voy....

Voy por el camino
llorando un amor
y suspiro triste
por un corazón.

En lejano claustro
donde yo crecí
un cielo sin nubes
tuve para mí

y de sus jardines
fui una blanca flor,
que llorando siempre
le cantó al amor.

Tristes los recuerdos
de mi mente son,
el perfume oculto
de una blanca flor,

Y hoy que nada espero
y mañana como hoy,
suspirando muero
por un casto amor.

PENANDO VOY

Murmullos de poetas
se anidan en mi ser,
se elevan y se encuentran,
se alejan por doquier.

Como volcán que irrumpe,
tragedia sin igual
y luego se ensordece
para después arder.

Los nervios se estremecen
al son del vendaval,
y luego se anonadan
por una eternidad.

Recuerdos del pasado
me vienen a perturbar
y nerviosa como siempre,
me pongo a sollozar.

Mi pensamiento gira
muy lejos de mi ser
y luego, en mis ensueños,
te veo por doquier.

Adiós por la vez última,
jamás ya me verás,
Yo siempre solitaria
navego en alta-mar.

La noche está sombría
nublado el cielo está,
y negros nubarrones
anuncian vendaval.

En la mar de esta duda
en que navego,
sufriendo siempre estoy,
ocultando a los hombres
mis congojas.

Pensando siempre voy…

UN MENDRUGO TAN SOLO

Yo sé que pronto, antes que tú mi vida,
he de morirme yo,
la daga infame que clavo tu mano
abrió mi corazón.

Un mendrugo tan solo te he pedido
de amor y nada más,
un mendrugo y el solo me has negado
por Dios y por mi mal.

Quedé tan sola en el camino triste,
sin esperanza y sin ventura ya,
nubló mis ojos al copioso llanto
y heló mi corazón.

LA CAMPANA

Campana campanita,
campanita de cristal,
Yo quisiera ser campana
y pregonar su cantar.

Atardece y la campana,
la vieja campana, toca
en la Iglesia del lugar,
pregonando de los rezos
un melódico cantar.

En la torre de la Iglesia
donde anida el búho,
esta mi corazón desgarrado
llorando por su penar.

Campana, campanita,
campanita de mi amor,
ya no dobles por los muertos
dobla por mi gran penar.

Escucha –cuando yo muera,
no repiques-, tu esquilar
seguirás tañendo alegre
tu melódico cantar.

Siempre llamando a oraciones
tu vida eterna será
y llorando, sí es preciso,
en tu eterna soledad.

Oh, campana, campanita….
No llores, risa, más risa
se te oiga en tu esquilar
y toca por los que sufren…
porque no puedo llorar!

QUIERO VOLAR

La luna solitaria en el camino.
alumbra triste mi orfandad temprana
y errante y solitaria por la vida,
sin luz en la mirada.

Cuantas tristezas anidan en mi vida;
mi pecho ya no puede, está oprimido,
Sola, enlutada, triste, cual ninguna,
sin alma y, sí olvida.

La errante y solitaria blanca luna,
alumbra mi penar,
y el aura adormecida en la laguna
me ayuda a suspirar.

Del alero los pájaros despiertos
miro ya alejarse ya
y una tristeza resignada siento,
de no poder volar.

LA ROSA

A mi hermanita.

Blanca rosa que en el huerto
de mis versos floreció;
blanca rosa perfumada
que mi jardín encantó.

Rosa hermosa y majestuosa
que me llena de ilusión;
rosa mística, amorosa
compañera de mi amor.

Hermosa rosa de octubre
que mis sueños perfumó;
blanca, divina y graciosa
como nunca pensé yo.

Hoy te cubre rosa mía
un crespón de negro tul
y tus hojas, ya amarillas,
van buscando un ataúd.

PEREGRINO

Caminante dolorido
sigue tu triste camino,
no te detengas, el cielo
alumbrará tu destino.

Sigue tú, más adelante,
el viento llorando está,
y el cielo rugiendo, gime.

Peregrino, peregrino....
sigue tú por el camino,
no te detengas y en paz.

TODO SE VA

¡Adios! Es preciso
que cumpla mi sino,
jamás en tu vida
te acuerdes de mí,

Adiós; nunca olvides
que el mundo es impío,
que siempre te quise,
que siempre te amé.

Jamás en tu vida
dirijas tus ojos,
al triste recuerdo
que ayer te ofrecí,

¡Adiós para siempre!
Que en sombras se quede
mi tierno recuerdo,
mi triste sufrir;

Mis tiernos amores,
mis sueños de niña,
mis pobres caricias,
mi grande pasión.

Mis noches son tristes,
mis noches son frías;
la luz, muy sombría,
se ausenta de mí.

La luna viajera
de sombra se viste,
detiene muy pálida
su argentado tul.

Y ante mis ensueños
que mortaja visten,
triste se detiene
con su manto azul.

Hoy la luna pasa
como dios de nieve,
se detiene y dice:
No olvides que soy

tu gentil amante,
tu fiel compañera,
sigue tu camino
y olvida por fin.

El tiempo, las horas,
pasando se alejan,
todos en cenizas
terminan y se van,

Todo en esta vida
para mí no existe,
solo tu recuerdo
para mí quedó.

MI DESTINO

Tú dices que yo soy triste
porque a menudo me ves llorar,
nadie comprende que en esta vida
fui predestinada para el pesar,

Extraño fuera que entre zarzales
brotaran flores de una ilusión,
De amargo néctar la copa llena
hay que apurarla hasta la hez,

¡Extrañas mucho que siempre llore!
Desventurada siempre lo fui,
la dicha nunca jamás la tuve,
y….goza mi vida con mi sufrir.

MARINERO

Marinero que cruzas la vida
por las ondas sublimes del mar,
marinero de lindas pupilas,
¿A qué puerto —dime-
irás a arribar?

¿Qué tristeza te impulsa marino
a surcar de las olas el mar?
Navegando hacia tierras lejanas,
¡Quizá nunca te vuelva a mirar!

¿Dónde vas marinero querido?
¿Dónde vas con tu nave al pasar?
¡Tal pareces una ave dormida
en las olas sublimes del mar!

¡Marinero que lleno de ensueños!
miras a lo lejos en la inmensidad,
perseguido de tristes quimeras,
dime —marinero- ¿Hacia dónde vas?

MADRE MIA

Hace dos años que mi memoria
recuerda triste que ya murió
y en noche obscura sin un consuelo,
voló hasta el cielo y me dejó

En negra caja la sepultaron
y ante la fosa la contemple,
sintiendo el alma que en su tormento
junto al sepulcro, morir creyó,

¡Oh madre mía! ¿Por qué en la vida
muy sola y triste me encuentro hoy?
La noche es larga, duro el invierno,
Sola me encuentro con mi dolor.

Noche de invierno, todo está en sombra,
nada consuela mi corazón;
el alba llega y no la encuentro;
sin despedirse….. ya se alejó,

¡Perdón! En nombre del cielo digo,
te pide tierno mi corazón,
Madre querida ¿por qué me dejas
tan sola y triste con mi dolor?

¡Madre mía! ¡Madre mía!
que desde el cielo me ves,
consuela mis agonías,
mitiga mi padecer.

Noche triste de mi vida,
noche triste sin tu amor,
noche lúgubre y sombría,
te recuerdo con dolor.

GAVIOTA

Yo he buscado en las frondas,
el perfume y el sueño de un amor;
lo busco entre los rayos de la luna
y no lo puedo hallar.

Camino lentamente por la playa
mirando hacia la mar
y dormita en mi memoria, triste,
el sueño de mi hogar.

Jugueteando las olas a mis plantas
se yerguen y se van,
y las blancas espumas asemejan
las hadas buenas de la mar.-23

Mirando hacia lo lejos, muy distante
una boya se mece sin cesar
y sobre ella una gaviota blanca
se duerme sin penar.

¡Hermosa visión! Quisiera,
ser gaviota y volar,
para dormir en la boya
y ser mecida por el mar.

ESTOY SOLA

Tan….tan….A la puerta llaman,
es un triste corazón,
Abre, que vengo cansado
y herido de tanto andar,

¡El cielo nublado gime,
la tormenta va a llegar
y yo tengo mucho frío;
déjame –por Dios- entrar!

Estoy sola y fatigada,
el trueno retumba ya,
aterida, yerta y fría
¡por favor déjame entrar!

Pasaba por el camino
y vi un luz cintilar,
y pensé que dentro había
paz, abrigo y dulce pan.

No vigiles el camino,
los campos oscuros están,
el que esperas con cariño
¡nunca, nunca, volverá!

Fuerte la lluvia se viene,
el cielo rugiente está,
abre por piedad la puerta
que ya muero de pesar.

Escucha el viento que gime
en tu ventana ojival
y mira por el camino
un caballero pasar.

No te detengas jinete,
sigue tu camino al azar
que está triste mi convento
y aquí no puedes llegar.

QUISIERA

A veces quisiera dejar esta vida
sintiendo en el alma ganas de llorar,
y volar ligera como golondrina
a remotas tierras donde descansar.

La noche me aterra, Sin embargo duermo
y en mis sueños veo cosas que yo nunca
                                    vivirlas podré;
cosas tan horribles que me dan espanto,
cosas que ya nunca volverán a ver,

Fantasmas de niños, fantasmas del alma,
sombras de dolores, sombras de pesar:
mi pobre destino es ver el camino
lleno de zarzales sin poderlo andar,

Corona de espinas circunda mi frente
y agudas espinas en el corazón,
pero sigo fuerte y más adelante
regando con llanto mi pobre bordón,

DIOS MIO

Sombra que amante me cubre
y me ampara en el dolor,
me refugio entre tus brazos,
-es la sombra de una cruz-,

Vuelvo mis ojos, ¡Dios mío!
y veo tu luz brillar,
Que triste seria el día
en que me falte esa luz,

El niño llorando clama
de la madre su calor,
Yo te pido en mi agonía
que no me falte tu amor,

En mis horas de amargura
me postro ante tu cruz,
¿Qué seria en esta vida
Si me faltara tu luz?

ESPERANDO

Estoy cansada y triste
de tanto andar, Dios mío,
el alma dolorida
de tanto padecer.

Mis sueños de ventura
son cosas que se mueren,
son pálidas auroras
que oculta el corazón,
.

Pasé mi vida entera
buscando lo infinito,
buscando en el ocaso,
un grande corazón.

Espero en el camino
quien cruce por la senda,
espero….y ya no pasan,
la noche va a llegar.

El cielo se obscurece
de nubarrones cubre
los pálidos reflejos
de un atardecer.

Las aves aterradas
emprenden ya su vuelo
y el tibio nido buscan
en donde guarnecer.

Allá en el horizonte
dibújase una sombra,
parece un caminante
que viene hacia su hogar.

Espero en el camino
que llegue a mi morada
Espero....y va de paso,
se aleja sin volver.

LA FARSA

Y tuve que reir, era preciso
ocultando mi llanto tras la risa
sin mostrar mi dolor, con aire altivo
recibí con tristeza, sus caricias.

Fingir es necesario, pero altiva
convoque la verdad, sin una queja
y plegando mis labios fué preciso
¿Cómo pude callar si era mentira?

La farsa seguirá, si es necesario,
aunque sienta el alma que agoniza,
No lanzare un reproche ni un suspiro,
ni mostraré el dolor que martiriza;

el dardo fiero que clavó en mi pecho
sacarlo pude sin temor ni queja,
¿Cómo pude mirarle si era ingrato?
¿Cómo pude sentirle si era falso?

PAZ HERMANO

A la memoria del Maestro
JOAQUIN PEREZBUSTA
Amigo sensible

Oh, pobre enfermo de pupilas negras
que vienes hacia mí ya muy cansado
y me cuentas tus viejas ilusiones
y tu llanto, tus lágrimas y quejas.

Si quieres yo sabré tener la calma
y escuchar, devota, tus angustias,
tus penas, tus dolores….y mi alma
sabrá pedir al cielo por tus cuitas.

Pobre amigo, ya no llores
deja que el mundo nos vea
en esta vida angustiosa,
en esta vida sombría.

Escucha, el viento también
solloza en la enramada,
parece un ángel que va
desplegando ya sus alas.

Ya no llores tierno hermano
ten paciencia a tu aflicción,
que tu espíritu levante
y le pida a Dios perdón.

NADIE VIENE

Hila que hila hilandera,
tejiendo en tu rueca estás
mientras la lluvia se queja
porque arrecia el huracán,

El fuego chisporrotea
mientras llora el vendaval
y afuera entonan los pinos
su monótono cantar,

El camino está desierto,
nadie viene, nadie va......
y solita en el castillo
espero al que llegará.

Chirrían los ventanales
de la casa solariega
y un búho canta a la entrada
del gran castillo feudal.

La rubia hilandera sueña;
tejiendo en su rueca está
los ensueños de la vida
que muy pronto llegarán.

El cielo sigue rugiendo
y la lluvia en mucho más;
siguen entonando los pinos
su monótono cantar.

Este libro está impreso en papel Bond de sesenta kilos
y cubierta de cartulina marquilla de ochenta kilos.
Fué editado en impresos Aguilar de la Ciudad de Guadalajara
Jalisco, quedando reservados los derechos de la autora
Sobre este libro, con arreglo a la ley.

Printed in the United States
by Baker & Taylor Publisher Services